AF337493

MOTIFS
DES COMMISSAIRES,

Pour adopter le Plan de Municipalité, qu'ils ont présenté à l'Assemblée générale des Représentans de la Commune :

Lus à l'Assemblée - Générale,

par J.-P. BRISSOT DE WARVILLE,

Représentant de la Commune;

SUIVIS DU PROJET DU PLAN
DE MUNICIPALITÉ.

A PARIS,

Chez LOTTIN de S.-Germain, Imprimeur Ordinaire de la VILLE, rue S.-André-des-Arcs, N° 27.

Août, 1789.

ASSEMBLÉE DES REPRÉSENTANS

DE LA COMMUNE DE PARIS.

Extrait du Procès-Verbal des Représentans de la Commune de Paris.

Du Jeudi 20 Août 1789.

L'ASSEMBLÉE ayant entendu le Discours qui contient & explique les motifs des Commissaires-Rédacteurs du Projet du Plan de Municipalité, & qui doit servir de Discours préliminaire à ce Projet, considérant qu'il est utile de faire connoître les raisons qui ont guidé les Commissaires, & que chacun se pénétre du même esprit ; a arrêté que ce Discours sera imprimé en tête du Projet du Plan de la Municipalité, au nombre de deux mille exemplaires, lesquels seront distribués aux Représentans de la Commune, aux Districts, & à tous ceux à qui l'Assemblée jugera convenable d'en donner, & permet à l'Imprimeur de le rendre public, en se chargeant des frais de l'Impression.

VAUVILLIERS,
BLONDEL,   } Présidens.
PICARD,

DE JOLY, Secrétaire.

MOTIFS

DES COMMISSAIRES

Pour adopter le Plan de Municipalité, qu'ils ont présenté à l'Assemblée des Représentans de la Commune : Lus à l'Assemblée - Générale, par J.-P. Brissot de Warville, Représentant de la Commune.

Le 20 Août 1789.

MESSIEURS,

Vous avez entendu la lecture du Plan de Municipalité que nous avons cru devoir adopter ; avant que de passer à sa discussion, permettez nous de vous développer les principes qui nous ont guidés. Cette exposition préviendra d'une part beaucoup d'objections, & de l'autre fera plus particulièrement connoître l'esprit du système ou de l'enchaînement des parties de ce Plan.

Une Municipalité est l'Administration de ce qui est *commun* aux Habitans d'une même Cité. Quels sont ces objets communs ? Par qui & comment

A

doivent-ils être adminiſtrés ? Tels ont été les trois points qui ont fixé notre attention.

Il ſeroit inutile de faire l'énumération des objets de la Municipalité ; ils vous ſont aſſez connus ; il ſuffit de rappeller les principaux , tels que les ap‑proviſionnemens de la Ville , & les Subſiſtances , la Police , les Travaux Publics , les Hôpitaux , les Etabliſſemens publics , le Domaine de la Ville , la répartition & la perception des impôts , la comptabilité , enfin la Garde Bourgeoiſe. Nous y avons compris tout ce qui étoit ci-devant attribué à l'Hôtel-de-Ville , au Lieutenant-général de Police , au Miniſtre de Paris , aux autres Magiſtrats ou Com‑miſſaires du Roi.

Des réflexions ſur chacun de ces Articles ſe‑roient également inutiles ; il n'eſt perſonne qui puiſſe conteſter leur dépendance naturelle du régime Municipale , perſonne qui ne ſente la néceſſité d'aſ‑ſujettir à la ſeule autorité municipale tout ce qui en avoit été uſurpé ſous le nom du Roi , pour former des Commiſſions.

Ainſi nous y avons revendiqué , le droit de répartir & de percevoir les impôts , de quelque nature qu'ils ſoient , d'y percevoir même les entrées. C'eſt un droit & municipal & provincial ; l'Aſſemblée Nationale a bien ſeule le droit d'établir l'impôt , mais le ſoin de le répartir, mais la forme de la perception doivent-être abandonnés aux Provinces & aux Cités , parce qu'elles feules font à portée de connoître les localités , les circonftances qui doivent déterminer la répartition.

Ainfi nous avons compris dans le régime Municipal la furveillance de la Caiffe d'Efcompte. Cet établiffement qui renferme la fortune d'un grand nombre de Citoyens , devenu la bâfe de la circulation de Paris & de prefque toute la France , eft trop intimement lié à l'exiftence de la Capitale , pour ne pas être foumis à l'infpection de la Municipalité ; infpection feule capable de lui affurer la confiance publique , de le concentrer dans fon objet originaire , de porter fur fes opérations cette lumière fi néceffaire à tous les établiffemens de confiance.

En revendiquant ce qui avoit été ufurpé fur la Municipalité , nous avons apporté une attention fcrupuleufe pour en diftraire tout ce qui lui étoit étranger ; tel par exemple , le payement des rentes & leur police. C'eft une fonction du Tréfor-Royal , qui n'avoit été attribuée à l'Hôtel-de-Ville de Paris que par un calcul de la politique emprunteufe des anciens Miniftres. Aujourd'hui que les désordres de la Finance vont disparoître, que la dette est soumise à l'Assemblée Nationale, que le paîment en sera surveillé par elle, c'est au Trésor-royal qu'il faut renvoyer le paîment des rentes.

Pénétré de ce principe, qu'il falloit abandonner ce qui étoit étranger ou injuste, nous avons cru, en rappellant les attributions de cette Ville, qu'elle devoit, à leur égard, se soumettre à tout ce que l'Assemblée-Nationale décidera.

Paris, le centre & la Métropole du Royaume, le séjour des Rois, & qui le deviendra sans doute de l'Assemblée-Nationale ; Paris, l'asyle des Arts, des Sciences, & des plaisirs, conservera encore long-temps une population nombreuse ; elle aura donc long-temps des besoins immenses, & par conséquent, ne produisant rien, & n'étant que consommatrice, elle sera long-tems tributaire de toutes les Provinces chargées de l'approvisionner. Cet approvisionnement, si varié, si important, ne doit plus être maintenant qu'une œuvre de fraternité, que le produit de l'intérêt réciproque des Provinces & de la Capitale ; car si la Capitale a des besoins de consommation, les Provinces ont besoin de débouchés, & ces besoins réciproques, feront le lien le plus fort & le plus durable.

A chacun fon droit. Telle doit être la bafe de toute affociation entre Provinces, comme entre particuliers. C'eft par refpect pour ce principe, qu'en reftituant à la Municipalité la Police qui en eft la première dépendance, nous lui avons ôté ce pouvoir fans bornes qu'elle exerçoit ci-devant dans Paris. Electif, fans pouvoir être perpétué dans les mêmes mains, furveillé par un Corps nombreux, fubordonné à un Tribunal, foumis au plus redoutable de tous les Tribunaux, à l'opinion publique, divifé entre les différens Diftricts, féparé de tout ce qui lui étoit étranger, devenu lui-même étranger à la Cour, à l'Adminiftration-générale du Royaume, ce Miniftère ne fera plus qu'un Miniftère de paix, de sûreté, d'arbitrage, d'équité, affujetti à des régles inviolables, & à des limites qu'il fera toujours dangereux de franchir.

La Police devroit être l'unique Tribunal civil, au moins dans une fociété d'hommes propriétaires, habitués, de bonne heure, à raifonner & à refpecter les droits d'autrui. Nous ne fommes pas encore dans cet heureux ordre de chofes ; nos maladies politiques exigent des Tribunaux civils & criminels. Au premier coup d'œil, il femble que la formation de ces Tribunaux appartienne à la Commune ; car enfin c'eft un établiffement dont l'avansage doit être *commun* à tous les Habitans de la Cité. Mais réfléchissant qu'il importe à tout le Royaume que la manière de rendre la Justice soit uniforme, instruits que l'Assemblée-Nationale s'occupe de cet objet important, nous l'avons mis à l'écart ; il sera temps de s'en occuper quand son plan de la réforme des Tribunaux sera présenté à la Nation. Nous devons nous borner à préparer cette régénération de la Justice par des établissemens qui en faciliteront l'exécution. Telle est la division de cette Ville en Districts ; elle favorisera singuliérement le choix des grands & petits Jurés ; ou plutôt, pour nous servir d'une dénomination plus juste, des Jurés préparatoires & définitifs.

Poser les bornes de la Municipalité étoit une opération difficile ; mais il étoit plus difficile encore de déterminer par qui elle devoit être administrée. Jusqu'à présent on avoit cru que peu d'hommes, ou des Corps peu nombreux, administroient mieux, qu'en multipliant les rouages on embarrassoit le mouvement ; qu'en les enveloppant du mystère, on éloignoit les critiques, les divisions, les embarras. On ne voyoit pas que cette facilité de mouvement, cette célérité d'éxécution ne s'obtenoient qu'en brisant, qu'en déchirant tout ; on voyoit des résultats rapides, on ne voyoit pas les injustices individuelles,

nombreufes,

nombreufes, clandeftines qu'ils caufoient, & qu'on étouffoit avec foin. Adminiftrer *vîte* n'eft pas adminiftrer *bien* ; & c'eft cette dernière forte d'adminiftration que nous cherchons. Or , on ne peut adminiftrer bien , qu'en choififfant les hommes les plus capables, qu'en s'entourant de lumières , qu'en forçant les paffions de s'écarter , & les intérêts particuliers de céder à l'intérêt général. Les Elections libres & générales conduifent fûrement au bon choix ; les difcuffions libres & générales amènent fûrement les lumières ; la refponfabilité des hommes en place écarte l'influence des paffions ; les changemens fréquens de ces hommes & leur retour à l'état fimple de Citoyens , les forcent à chérir par-deffus tout l'intérêt du Peuple ; car leur fort eft conftamment dans les mains du Peuple.

C'eft d'après ces principes que nous avons fixé la manière d'élire les Repréfentans de la Commune, leur nombre, celui des Membres du Confeil adminiftrant , & le tems de leur exercice.

Tout pouvoir dérive du Peuple , tout pouvoir doit être délégué, confié par lui ; c'eft donc à la Commune qu'appartient de nommer tous les Membres de fon adminiftration ; tous doivent avoir part à l'élection, puifque tous font foumis aux Réglemens. Nous avons mis cependant plufieurs conditions au

B

droit d'élire ; la principale eft le paîment d'un fub-
fide direct & perfonnel ; car c'eft la preuve du titre
de Citoyen & le garant de fon intérêt conftant à une
bonne adminiftration. Une autre condition eft l'enregiftrement du Citoyen dans un Diftrict. Le Peuple
n'aura déformais d'exiftence que par les Diftricts ;
c'eft l'unique moyen d'éviter ces Affemblées tumul-
tueufes fur les places, où il n'y a ni volonté libre,
ni réfolution fage. C'eft dans ces Diftricts que
doivent être choifis, au fcrutin, les Membres qui
doivent compofer l'Adminiftration Municipale.

Un Corps feul chargé de régler, de furveiller
l'Adminiftration, & d'adminiftrer, deviendroit in-
failliblement, quelque nombreux qu'il fût, l'afyle de
l'Ariftocratie. Sans furveillant extérieur, il feroit fans
frein ; chaque Membre pourroit fe livrer à fes
caprices, en flattant ceux de fes Collègues. Sans
furveillant, les véxations feroient impunies.

Le renouvellement même de ce Corps unique
ne feroit pas un moyen de le purifier ; car les nouveaux arrivans deviendroient bientôt, par intérêt, les
complices des anciens, ou bien, par impuiffance, ils
refteroient dans le filence. Il a donc fallu créer
deux Corps, divifer l'Adminiftration entr'eux.

Cette Adminiftration a trois branches bien diftin-
ctes ; régler ce qui fe fera, faire & furveiller ce qui a

été fait. Au premier corps on attribue le pouvoir de régler & de surveiller, à l'autre celui d'agir.

Nous avons appellé le premier, l'*Assemblée générale des Représentans de la Commune*. Ces Représentans doivent être nombreux, parce que la Ville est immense, parce qu'elle est plus une Province qu'une Cité, parce que les affaires y étant multipliées à l'infini, les rapports des Citoyens y sont incalculables ; or les Réglemens doivent embrasser tous ces rapports ; la surveillance doit s'exercer sur tous. Ces Représentans doivent être nombreux, parce que peu se laissent aisément corrompre, parce que cette réprésentation sera la seconde école où se formeront les Administrateurs actifs, éclairés, & que, pour en avoir quelques-uns de cette sorte, il faut que beaucoup soient appellés. Ils doivent être nombreux, parce qu'ils ne seront pas salariés ; & ils ne seront pas salariés, parce que, ne devant siéger que deux mois de l'année, & ne quittant pas la Ville, ils ne seront pas forcés à des sacrifices de tems, ni à des dépenses considérables. D'après ces réflexions, nous avons fixé l'Assemblée générale des Représentans à trois-cents hommes ; ce qui donne cinq Membres par District. Si vous supposez treize mille personnes par District ou sept cent-vingt mille personnes dans Paris, c'est un Représentant par deux mille fix-cents ; c'eft-à-dire qu'un homme feul eft chargé de veiller aux intérêts communs de deux mille fix-cents perfonnes ; cette repréfentation ne paroîtra pas fans doute exceffive.

Relativement à la manière de faire fortir les Repréfentans du Peuple, fi nous avions voulu prendre la méthode ufitée en Angleterre & en Amérique, nous aurions adopté le renouvellement *fimultané* de tous les Membres ; mais, en nous reportant au principe de ce changement fimultané, nous avons vu qu'il étoit inapplicable ici. On peut en effet, fans aucun inconvénient, changer tout-à la-fois les Membres de la Chambre des Communes en Angleterre, ou de la Chambre des Repréfentans du Congrès d'Amérique, parce que les objets que ces Chambres difcutent, n'exigent prefque tous que ces connoiffances générales qui font aifément acquifes au dehors, & avant d'entrer dans ces Chambres. Mais les connoiffances néceffaires pour prononcer des Réglemens municipaux, ou pour furveiller l'Adminiftration, font prefque toutes locales, & demandent une étude & une pratique particuliere & longue. Si donc on renouvelloit, tout-à la-fois, chaque année, ou tous les deux ans, tous les Repréfentans de la Commune de Paris, il en pourroit réfulter que l'Affemblée de leurs Successeurs seroit peut - être entièrement compofée d'hommes incapables de pouvoir prononcer fur une adminiftration, dont les objets leur feroient inconnus; d'hommes par conféquent très-propres, ou à être trompés, ou à tomber dans des fautes groffières : le renouvellement partiel des Repréfentans prévient ce double inconvénient.

L'adminiftration d'une Municipalité auffi compliquée, auffi étendue que celle de Paris, exige les plus grands talens; on a donc du circonfcrire le choix des Membres du Confeil dans l'Affemblée générale des trois-cents. On doit fuppofer en effet que cette affemblée en renfermera, fur-tout pour l'avenir, le plus grand nombre; car le peuple fe plaira fans doute à récompenfer, en les réélifant, fes Repréfentans, ou les Membres du Confeil qui auront bien mérité de lui. D'ailleurs étendre les choix au dehors, ce feroit les expofer à une divergence trop grande, qui, dirigée par des intérêts particuliers, ameneroit fans doute beaucoup d'hommes médiocres.

Le choix des hommes à talens, n'eft pas toujours bien fait, par la multitude, fur-tout par celle qui recouvre à peine fa liberté; elle ne les connoît pas. Déléguer à l'Affemblée des trois-cent, le choix des foixante Membres du Confeil, eft donc encore un parti raifonnable; elle connoîtra mieux les hommes

à talens, & par la fuite, lorfque des rapports per-
pétuels auront mis en communication l'Affemblée-
générale, & le Confeil & tous les Repréfentans
entr'eux, cette Affemblée fera bien plus à portée,
que les Diftricts, de juger les hommes, qui, dans
fon fein, auront plus d'expérience, plus de lumières
& plus de vertus. L'intérêt perfonnel de cette Affemblée la forcera généralement à faire de bons choix ;
car la majorité ne voudra pas fe déshonorer aux yeux
de la Capitale, par des choix indignes. Aucun intérêt ne pourroît l'y porter, puifqu'aucune place ne
fera affez lucrative, pour exciter l'homme avide à en
acheter aucune, & par conféquent à faire les dépenfes néceffaires pour corrompre une majorité. Un
intérêt contraire détournera même cette Affemblée
de mauvais choix. Ses Repréfentans en effet expofés
à la cenfure du peuple, pourroient, rentrés dans
fon fein, éprouver fon reffentiment, & n'être plus
réélus.

Le Confeil devant être compofé des hommes
les plus éclairés & les plus expérimentés, & les
hommes étant inégalement répartis dans les Diftricts,
il nous a paru très-impolitique de circonfcrire
à chaque Diftrict un nombre égal de Membres
du Confeil, le choix en fera libre parmi tous les
Repréfentans du Diftrict, en forte qu'un Diftrict

pourroît avoir tous fes Membres dans le Confeil, tandis que quatre autres n'en auroient aucun.

Cette différence pour le Confeil ne viole point l'égalité de repréfentation, puifque les derniers ont toujours cinq repréfentants, que le premier n'en a pareillement que cinq.

D'ailleurs, quand on réfléchira fur la nature du Confeil des foixante, on verra que le fyftême, non feulement d'égalité de repréfentation, mais même de repréfentation du peuple, doit ceffer dans ce Confeil; car ce Confeil eft à l'Affemblée de la Commune, ce que le Confeil du Roi eft à l'Affemblée Nationale, & jamais la Nation n'a pu exiger d'être repréfentée dans ce Confeil.

Enfin ce fera un grand avantage pour les Diftricts de ne pas exiger une repréfentation égale dans le Confeil des foixante, parce que cette régle mettra à portée d'employer tous les talens fans diftinction de Diftricts, parce qu'elle forcera les Diftricts, s'ils veulent avoir des Membres au Confeil, à choifir des hommes habiles.

La ftabilité néceffaire dans la partie active de l'adminiftration, l'impoffibilité de pouvoir en acquérir les connoiffances pratiques fans un long exercice, force à conferver plus long-temps dans le Confeil ceux qui y feront appellés. Voilà pourquoi dans la fixation du terme de cet exercice, on n'a aucun égard au tems que le Repréfentant à déjà paffé dans l'Affemblée générale. Ainfi un repréfentant qui auroit affifté pendant trois ans dans l'Affemblée, en pourra paffer cinq autres dans le Confeil parmi les Affeffeurs; dans cette claffe il apprendra l'art d'être utile, fans pouvoir être dangereux.

Mais la crainte de voir dégénérer ce Confeil en une ariftocratie, engage à fixer un terme plus court à l'exercice des Préfidens de Département. Ils doivent être abfolus, puifqu'ils font refponfables. Ils peuvent acquérir une influence énorme; leur donner une longue carrière à parcourir, ou leur faire entrevoir la perfpective de la continuation dans leur emploi, c'eft ouvrir la porte à l'ambition, qui regarde toujours comme un droit la faveur de la continuation, qui en impofe infenfiblement la loi, ou en fait une habitude au Peuple.

On ne court point ce rifque, & on ne fe prive point du fecours d'un Magiftrat expérimenté, quand, pour récompenfe de fes fervices, on lui laiffe l'efpoir d'obtenir un autre emploi. Cette vue lui donne des forces, excite fon zèle; en paffant dans ce nouvel emploi, il rompt le cours de fes habitudes, de fes rapports, il perd fon influence & fes créatures, & par conféquent, il ne peut être dangereux.

Mais

Mais il eſt des places , qui , exigeant un concours de talens & de connoiſſances plus longues & plus difficiles à acquérir, ne pourroient changer ſouvent de mains, ſans en rendre la geſtion extrêmement variable & défectueuſe. Telles ſont celles de Préſident du département de la Police & de Procureur général ; il a fallu peſer, pour ces deux places, le double inconvénient d'y introduire l'Ariſtocratie par la continuité, ou d'en déranger la marche par des changemens trop fréquens. Comme la ſûreté de Paris dépend de l'une, comme l'inſtruction de l'Aſſemblée - Générale & du Conſeil, dépend de l'autre, on a cru devoir rompre la régle pour ces deux places & donner à leurs chefs un terme plus long & la faculté de la continuation. Par-là on a rempli un autre but, c'eſt de laiſſer dans le Conſeil des hommes inſtruits, lors du renouvellement ſimultané des autres Préſidens.

On ſe recriera ſans doute ſur la diſpoſition qui donne aux Membres du Conſeil, la voix délibérative dans l'Aſſemblée-Générale. En regardant ce Corps comme le pouvoir exécutif de la Municipalité , on ſera porté à croire qu'il eſt dangereux de le mêler avec le pouvoir réglementaire ou légiſlatif. Mais rappellons - nous ce qui a été dit plus haut, c'eſt qu'une Municipalité n'eſt point une Aſſemblée

C

Nationale, c'eſt que l'Aſſemblée-Générale des Re-préſentans de la **Commune** délibérant toujours ſur des Réglemens locaux, ſur des geſtions particulières, a beſoin, pour les connoître, des lumières de ceux qui en ont la pratique; obſervons qu'admettre dans dans ſon ſein le Conſeil, & ſur-tout les trente-neuf Aſſeſſeurs, c'eſt y admettre trente-neuf perſonnes intéreſſées à diſcuter l'exercice de l'Adminiſtration & aſſez éclairées par la pratique pour en dévoiler les abus. Obſervons que les y admettre avec l'hu-miliante reſtriction de la voix conſultative, c'eſt les en éloigner. Obſervons que ce mélange des deux Corps préviendra les jalouſies & la diſcorde, qui, s'ils étoient ſéparés, ne manqueroient pas de naître, & d'embarraſſer l'Adminiſtration. Obſervons que, s'il y avoit quelqu'influence dangereuſe à craindre, ce ſeroit celle des vingt-un Officiers; mais que ce nombre n'étant que le quinziéme de l'Aſſemblée to-tale, ne peut avoir une grande influence, & qu'enfin les Préſidens & les Echevins auront des intérêts trop ſouvent ſéparés pour ſe concerter.

Il faut dans un bon Gouvernement un centre où tous les pouvoirs aboutiſſent & ſe réſolvent en unité; & voilà pourquoi on a créé un Bureau de Ville, un Maire & un Commandant. Ce Bureau eſt le dernier échelon du ſyſtême de l'Admiſtration. C'eſt une efpéce de confeil pour le Maire ; foumis à une rénovation fréquente, il n'offre rien de redoutable.

Il en eft de même pour le Maire. On doit abréger le temps de l'exercice des places, en raifon de ce que la continuité eft plus dangereufe, & de ce que la pratique en eft moins difficile à acquérir ; tel eft le double motif qui nous a déterminé à fixer un terme de deux années pour la place de Maire.

Celle de Commandant Général a bien une influence auffi redoutable ; mais les connoiffances qu'elle fuppofe en font plus rares & plus longues à obtenir, & il a fallu encore une fois facrifier la crainte de l'ariftocratie à la crainte du défordre dans le régime Militaire.

Ces calculs feroient loin de nous, Meffieurs, fi les deux patriotes qui préfident aujourd'hui à ces Départemens, devoient avoir dans leurs fucceffeurs autant de fidèles imitateurs. Mais l'expérience nous défend de croire à l'hérédité des vertus dans les places.

Ces deux Magiftratures civile & Militaire étant les plus importantes, & pouvant devenir les plus dangereufes dans des mains perverfes, il étoit néceffaire que leur choix fut confié au peuple feul ; mais le peuple, comme on l'a déjà dit, ne connoit pas toujours les hommes les plus capables de rem-

plir les places. Il falloit donc prendre un moyen,
qui, en lui réfervant la nomination, l'empêchât de
s'égarer dans fon choix, & ce moyen eft l'indication ou la préfentation des trois fujets qui lui fera
faite par l'Affemblée des Repréfentans.

Régle générale dans les élections importantes à
faire par le Peuple : *Peu doivent indiquer, beaucoup
doivent choifir.*

Mais il peut auffi fe gliffer de la faveur, de la
partialité dans l'indication ; alors le Peuple fera-t-il
obligé de choifir ? Ce feroit le forcer à un choix
fouvent involontaire, & conféquemment le priver
de fon droit, en le refpectant en apparence. Pour
remédier à cet inconvénient, qui, dans beaucoup
de Républiques, a fini par concentrer le pouvoir
dans quelques familles, il faut laiffer aux Diftricts
la faculter de déclarer s'ils font fatisfaits de la préfentation. Il faut, fi la majorité ne l'eft pas, leur laiffer
la faculté de procéder par de nouveaux Députés,
conjointement avec les anciens, à une nouvelle
préfentation. Alors la liberté du choix n'eft plus
violée ; le Peuple élit parmi ceux même qu'il a
médiatement choifis. Laiffer à l'Affemblée générale
feule la faculté d'une feconde préfentation, ce ne
feroit éloigner ni les foupçons du Peuple, ni la tiran-
nie des Élections ; car le parti dominant arrangeroit

toujours ſa marche, de manière à forcer la volonté du Peuple.

Comme le peuple n'a pas un égal intérêt aux élections des 19 autres Officiers du Conſeil ; comme ces élections d'ailleurs emporteroient beaucoup de ſon tems , & qu'il faut économiſer le tems du Peuple ; on a réſervé le choix de ces Membres à l'Aſſemblée générale, qui ſera d'ailleurs plus à portée de connoître les Citoyens dignes de ces places.

On doit ſe convaincre par cette eſquiſſe du Plan , que le reſpect pour les droits du Peuple n'a jamais été perdu de vue. Il élit d'abord tous ſes repréſentans ; il élit les deux Chefs de l'adminiſtration Civile & Militaire ; il conſerve toujours ſon pouvoir ſur tous les Officiers, puiſqu'à des époques régulières , tous rentrent dans la claſſe des ſimples Citoyens , & ne peuvent être élevés de nouveau à aucune place , s'ils n'ont été agréables au Peuple.

Mais c'eſt ſur-tout par la création des ſoixante Comités de Diſtrict qu'on préſervera les droits du Peuple, qu'on empêchera l'ariſtocratie de l'en dépouiller , qu'on créera néceſſairement une foule d'hommes habiles qui ſe formeront dans ce noviciat à la grande Adminiſtration.

La diviſion en Diſtricts nous a ſauvés le 13 Juillet, elle nous ſauvera encore un jour de toutes les ma

nœuvres de l'ariſtocratie , car les meilleures Loix ,
ne l'empêcheront pas de ſe gliſſer parmi nous ; l'a-
riſtocratie eſt l'ivraie de la liberté.

Dans une Cité nombreuſe, il faut diviſer, ſub-
diviſer l'Adminiſtration , & la ſurveillance de l'Adminiſtration, puis ramener à un centre & ces actions
& ces lumières. De cette manière , l'action diviſée
en tant de branches , ne peut être funeſte , puiſqu'il
eſt impoſſible, dans une conſpiration contre le Peuple,
de commander, à la fois , tant de ramifications épar-
ſes. De cette manière, les lumières de la ſurveillance
réunies en un ſeul point, éclairent l'ariſtocratie d'un
éclat trop grand, pour ne pas la dévoiler. Suppoſez
les ſoixante Comités de Diſtrict en activité , ſans
ceſſe renouvellés, ayant une influence immédiate
ſur leurs Soldats & leurs Officiers - Citoyens ,
dans une communication conſtante d'un côté avec la
Municipalité , de l'autre avec les Citoyens , peut-
on craindre alors que le Peuple perde jamais ſubi-
tement ſa liberté ? A la première allarme tous les
Diſtricts prévenus, ne ſe réuniroient-ils pas pour
s'oppoſer à la conſpiration & l'étouffer ?

C'eſt préciſément cette force des Diſtricts qui
allarme aujourd'hui les perſonnes timides ; elles
s'effraient de ces Aſſemblées fréquentes & nom-
breuſes. L'on ne voit pas que le Peuple , ſous le

régime de la Liberté , acquerra bientôt un carac-
tère différent , qu'il deviendra de plus en plus grave
& paisible ; & l'on doit en augurer ainsi , quand
on observe que tant d'Assemblées de Districts, qui
ont eu lieu depuis la révolution , n'ont pas occa-
sionné les tumultes qu'on devoit en craindre , d'a-
près les anciens préjugés. On ne voit pas qu'un
Peuple industrieux ou adonné au luxe , est néces-
sairement occupé ; qu'un Peuple occupé ne peut
que rarement fréquenter les Assemblées.

Tout est combiné dans l'arrangement des Districts,
de manière à concilier le respect pour les droits
du Peuple , avec le maintien de la paix. Le Peuple
en effet conserve le droit de s'assembler ; il l'a sur-
tout pour les Elections , objet qui lui appartient
spécialement ; il l'a pour des objets de délibération générale. A la vérité les Assemblées ne seront
pas si fréquentes. Mais n'est-ce pas l'intérêt du Peuple
qui lui commande d'en diminuer le nombre ? Car ,
encore une fois , les Assemblées occasionnent une
perte de tems considérable. Les circonstances passées
& actuelles ont forcé & forcent le Peuple à se réunir
souvent. Il falloit qu'il exécutât, qu'il fut instruit ,
qu'il fut consulté. Mais la paix renaissant, les objets de
délibération générale vont diminuer & se concentrer ;
la fréquence des Assemblées deviendra donc moins

néceffaire ; la Police & l'Adminiftration des Diftricts fe feront plus aifément, plus rapidement, à moins de frais, par des Comités peu nombreux , mais ré-vocables. Les Membres de ces Comités étant élus par le Peuple , changés tous les ans , feront tou-jours fous fon influence ; tous les Citoyens arrive-ront fucceffivement dans ces Comités, en raifon de leur capacité. Le Peuple n'a donc rien à craindre de ces Comités contre fa Liberté ou fes Droits.

Par ce fyftême de rapports entre le Peuple & les Comités de Diftricts ; entre ces Comités & l'Af-femblée-Générale, les droits du Peuple feront main-tenus ; d'où réfulte cette grande vérité, que, pour conferver fon autorité, le Peuple doit refpecter celle qu'il délégue à fes Repréfentans.

La néceffité d'économifer le tems des Citoyens , en nous faifant adopter le parti de reftreindre les Affemblées , nous a fait de même préférer une mé-thode d'élection qui conciliât la briéveté avec la bonté des opérations. Les fcrutins individuels, dont la majorité abfolue eft une condition effentielle , font fans doute les meilleurs chez un Peuple aifé dans fes moyens , éclairé, qui jouit de la Liberté de la Preffe , & qui peut lire ; mais cette forte de fcrutin n'eft pas praticable pour des Elections nom-breufes , faites par un Peuple nombreux. Le fcrutin

de

de lifte eft plus expéditif ; mais pratiqué par des Electeurs étrangers les uns aux autres, il a le défavantage d'entraîner fouvent la préférence, à une très-petite pluralité, en faveur d'hommes fans talens & fans connoiffances. Cependant il eft une manière d'en corriger les défauts ; on peut le purger de tous ces noms peu dignes, en le répétant deux ou trois fois, & en prenant à chaque fois un certain nombre, toujours décroiffant, de noms qui ont eu le plus de fuffrages ; on parvient, en concentrant de plus en plus le choix, à ne conferver que les noms qui font vraiment refpectables, parce que la partialité déconcertée par les précédentes exclufions, eft forcée elle-même de choifir les plus dignes d'entre les Candidats.

Nous ne nous étendrons pas davantage fur les motifs qui ont dirigé la combinaifon des diverfes parties de ce Plan ; vos lumières vous les feront appercevoir. Elles vous feront fans doute auffi appercevoir une foule de défauts : mais étoit-il poffible de les éviter, en conftruifant, dans un fi court efpace de tems, & au milieu de la confufion qui nous environne, un édifice auffi immenfe, & fur des principes auffi nouveaux, auffi étrangers à notre fituation précédente ? Malgré tous vos foins, des imperfections terniront peut-être encore ce Plan ; le

D

vouloir parfait, feroit une opiniâtreté funefte. Il nous faut une Conftitution ; fut elle imparfaite, elle feroit toujours préférable à l'Anarchie. Eh ! quels rifques court-on , lorfqu'on fe réferve la faculté de la réformer à une époque déterminée ? Nous l'avons fixée à vingt ans, parce qu'il faut laiffer le calme s'établir , l'expérience nous inftruire ; parce qu'il faut fe défier de notre mobilité , & qu'enfin une réforme de Conftitution eft une crife , & qu'il faut rendre les crifes très-rares.

Hatez-vous donc de difcuter ce Plan ; réuniffez toutes vos lumières, pour en corriger les défauts ; que la candeur, que la bonne-foi, que l'impartialité régnent dans les difcuffions, & ces défauts difparoîtront promptement. Un autre efprit pourroit-il nous animer ? Nous fommes tous frères, tous patriotes, tous empreffés de mettre fin aux défordres qui nous environnent, & de prévenir à jamais le retour du Defpotifme. Ah ! que Paris jouiffe enfin d'une Municipalité libre, & mille avantages en réfulteront : fa Milice affujettie à un pouvoir fixe & permanent, affurera la tranquillité publique , toujours chancelante fous un régime provifoire ; le calme renaiffant dans le fein de cette Ville, y rapelera les arts, l'induftrie fugitive, & tant de confommateurs que la crainte a forcés de chercher un afyle dans des contrées étrangères. Sous une Municipalité fixe, l'harmonie régnera néceſſairement entre ſes Diſtricts & l'Aſſemblée Générale. La ligne de démarcation qui ſépare tous les pouvoirs étant bien déterminée, nul n'oſera franchir les limites, ou ſera ſûrement réprimé. On ne verra plus dans ces Diſtricts que ſoixante ramifications aboutiſſant à un centre commun, en recevant l'impulſion unique & y obéiſſant. Une Municipalité fixe, aſſurera la perception des impôts, & c'eſt aſſurer plus de ſoixante millions, dans un moment, où nous ſommes ſi cruellement dénués de moyens. Ce grand exemple donné aux autres Villes du Royaume, ſera, ſans doute, imité avec empreſſement. Par-tout la perception de l'impôt ſe rétablira par le ſecours de ces Municipalités ; alors plus de craintes de banqueroutes, de ſupreſſion de paiement, de licenciement de l'Armée, & de tous les déſordres que le Diſcrédit & l'Anarchie entraînent après eux. Enfin, à l'abri de ces Municipalités, l'Aſſemblée-Nationale pourra, ſans de nouvelles allarmes, continuer les travaux qui doivent précéder le Plan de la Conſtitution Nationale ; l'établiſſement de ces Municipalités même en accélérera l'adoption, en facilitant partout les Aſſemblées de ce Peuple, dont la Sanction eſt une condition eſſentielle de toute Conſtitution libre.

NOTE IMPORTANTE.

LE projet du Plan devoit être précédé d'une Déclaration des droits des Municipalités. Le tems n'a pas permis de l'achever. Un des articles essentiels de ce préambule est que le Plan doit être sanctionné par le Pouvoir législatif.

PROJET

PROJET

DU PLAN

DE MUNICIPALITÉ

DE LA VILLE DE PARIS,

Présenté à l'Assemblée générale des Représentans de la Commune, par ses Commissaires, le 12 Août 1789.

TITRE PREMIER.

Objets de la Municipalité; son Territoire, & Division du Territoire en Districts.

ARTICLE PREMIER.

Tous les Offices, Charges & Places Civils ou Militaires, attachés à l'Hôtel-de-Ville de Paris, y

A

compris le Gouvernement, seront & demeureront supprimés ; sauf le remboursement, par qui, & ainsi qu'il appartiendra.

I I.

La Municipalité ci-après établie, aura tous les pouvoirs d'Administration & de Jurisdiction ci-devant attribués à l'Hôtel-de-Ville, tant dans Paris qu'au dehors ; sauf les limitations indiquées par l'article X, du Titre 8.

I I I.

Elle embrassera, dans Paris, toutes les parties de la Police, tant celles qui étoient précédemment exercées par le Lieutenant-Général de Police, que celles attribuées à d'autres Magistrats, Officiers ou Commissaire du Roi, telles que la Voierie, le service des Postes (pour en assûrer l'exactitude & le secret,) la surveillance de tous les établissemens publics, les subsistances & approvisionnemens de toute espéce, & généralement tous les objets sur lesquels reposent la sûreté, la liberté & la tranquillité des Citoyens.

I V.

Elle fera, dans Paris, l'assiette, la répartition & la perception de toutes Impositions personnelles

& réelles , même la recette des Droits d'entrée, & connoîtra de toutes les contestations relatives aux objets ci-dessus , qui feront plus particulièrement détaillés & classés dans le Titre des *Départemens*.

V.

La Municipalité aura l'entière direction des Gardes-Nationales-Parisiennes.

V I.

La Municipalité de Paris n'aura , quant à-présent, d'autre territoire , que la Ville & ses Fauxbourgs , sauf à y comprendre , par la suite , la Banlieue , si cette réunion est jugée nécessaire ou convenable.

V I I.

La Ville & les Fauxbourgs de Paris seront divisés en soixante Districts.

La circonscription actuelle de ces Districts sera provisoirement observée , jusqu'à ce que l'Assemblée des Représentans , ci-après établie , en ait fait une division plus égale & mieux proportionnée à leur population. L'Assemblée sera tenue de faire cette nouvelle division d'ici à cinq ans , d'après le dénombrement des Habitans , dont les listes seront mises annuellement sous ses yeux.

Cette division , une fois fixée , sera revue tous les

vingt ans ; & même plus souvent, s'il est néceſſaire, pour être rectifiée, en raiſon des inégalités, que les circonſtances auroient apportées dans la population comparée des Diſtricts.

VIII.

Si la Banlieue de Paris eſt compriſe, par la ſuite, dans le Territoire de la Municipalité, elle ſera de même, ſuivant ſa population, partagée en Diſtricts, qui auront les mêmes droits & fonctions que ceux de l'intérieur.

TITRE II.

Organiſation générale de la Municipalité.

ARTICLE Ier.

LE pouvoir de régler & de ſurveiller l'Adminiſtration de la Ville de Paris, appartiendra à une Aſſemblée de Repréſentans, élus librement, pour un tems fixe, par les Citoyens aſſemblés en Diſtricts ; elle ſera compoſée de trois-cents Membres, & appellée *Aſſemblée-Générale des Repréſentans de la Commune de Paris.*

II.

L'adminiſtration journalière des objets attribués

à la Municipalité, la Jurisdiction qui y est attachée, & le soin d'exécuter les décisions, résolutions & Réglemens faits par l'Assemblée-générale , seront confiés à soixante Membres, élus à tems par elle, & pris dans le sein de cette Assemblée, où ils auront séance & voix délibérative.

Ces soixante Membres , qui seront répartis en divers départemens, formeront le *Conseil de Ville*.

I I I.

Le soin d'établir l'harmonie si nécessaire entre ces départemens, & de donner des décisions provisoires dans les circonstances urgentes, appartiendra à un *Bureau de Ville*, qui sera composé des principaux Officiers du Conseil de Ville.

I V.

La Capitale étant divisée en soixante districts, il se tiendra dans chacun d'eux des assemblées de Citoyens, soit pour les élections qui leur sont réservées par la présente constitution, soit pour délibérer sur les objets qui leur seront proposés par l'Assemblée générale des Représentans. Tous Citoyens François ou naturalisés, domiciliés dans Paris depuis an & jour, demeurans dans le District, âgés de vingt-cinq ans accomplis, & payant un subside direct & perfonnel, auront droit de féance & de fuffrage dans ces affemblées de Diftrict.

V

Il fera établi dans chaque Diftrict un Comité, compofé de différens Officiers, lequel exécutera & fera exécuter, dans l'étendue du Diftrict, les ordres qui lui feront adreffés par les divers départemens & Officiers du Confeil de Ville.

TITRE III.

De l'Affemblée - Générale des Repréfentans de la Commune.

ARTICLE Ier.

L'ASSEMBLÉE générale des Repréfentans de la Commune de Paris fera compofée de trois-cents Membres, y compris les foixante formant le Confeil de Ville.

II.

L'élection des trois-cents Membres fera faite par l'affemblée générale de chaque Diftrict, à raifon de cinq par Diftrict, dans la forme prefcrite par l'art. 8 du tit. 17 des élections, & par le Régle-ment particulier ci-après.

I I I.

Il fortira chaque année de l'Affemblée-Générale un des cinq Membres appartenans à chaque Diftrict, de telle manière que cette Affemblée foit entièrement renouvellée en cinq ans, au moins quant aux Repréfentans qui ne feront point du Confeil de Ville.

I V.

Les cinq Repréfentans nommés à la première élection, fortiront dans l'ordre inverfe de leur nomination; celui qui aura eu le moins de voix devant fortir le premier. Cette régle aura lieu pour toutes les élections de plufieurs Membres, faites par le même fcrutin. Quant aux élections individuelles, le plus ancien élu fortira le premier.

Le Membre qui fortira fera remplacé par fon Diftrict, & ne pourra être réélu qu'un an révolu après fa fortie.

V.

Si le Repréfentant dont le tour de fortie fera arrivé, étoit alors dans le Confeil de Ville, il reftera pour finir fon exercice dans ledit Confeil; &, dans ce cas, fon Diftrict ne le remplacera qu'à l'expiration de fes fonctions; mais fi fes fonctions cessoient avant le terme de sa représentation dans l'Assemblée-Générale, il y rentreroit pour le finir.

VI.

S'il arrive qu'un Représentant change de domicile & de District, pendant qu'il sera en place, il continuera d'appartenir au District qui l'aura nommé, jusqu'à ce qu'il soit sorti de ses fonctions ; son terme étant expiré, il sera incorporé au District où sera son nouveau domicile.

VII.

Chaque représentant appartenant à toute la Commune, aucun ne pourra être révoqué par les Assemblées de Districts, à moins qu'il ne tombe dans les cas prévus par l'article II du Titre des Elections.

VIII.

L'Assemblée générale des Représentans, jugera seule, à son ouverture, les discussions relatives aux pouvoirs & aux élections de District.

IX.

Ses Séances auront lieu deux fois l'année ; elles commenceront les premiers de Juin & de Décembre, & continueront pendant le cours desdits mois, sans pouvoir être prolongées au-delà ; à l'exception

de

de celles de la première Assemblée générale, qui, pour terminer plus promptement les travaux dont elle va être chargée, pourra siéger chaque semestre pendant six semaines.

X.

L'Assemblée générale sera présidée par le Maire ; elle se nommera deux Vice-Présidens & deux Secrétaires, qui tiendront Regiftre de toutes les délibérations.

X I.

Elle examinera le compte qui lui sera rendu par les Officiers, composant le Conseil & le Bureau de Ville, de leur gestion pendant le semestre précédent ; elle procédera aux Elections que la présente Constitution lui attribue, & fera tous les Réglemens nécessaires au maintien de la présente Constitution.

X I I.

Cette Assemblée aura pareillement le droit de faire & de sanctionner, d'après les principes établis par la présente Constitution, les changemens qui seront jugés convenables dans la répartition des fonctions du Conseil de Ville.

X I I I.

L'Assemblée générale délibérera sur les objets qui lui seront présentés, tant par le Conseil de

Ville, que par chacun des Officiers qui le compo-
fent ; & fur les Motions propofées par chacun des
Repréfentans, pour éviter la confufion dans les difcuffions, il fera fait, à chaque feffion, un ordre de
travail par l'Affemblée générale.

XIV.

Elle fera particulièrement chargée de régler les
honoraires, émolumens & dépenfes de toutes les
Places quelconques, dépendantes de la Municipalité ;
elle fera la plus grande attention, à ce que les travaux de ceux qui feront appellés à ces places foient
récompenfés d'une manière honorable, fans pouvoir
jamais devenir un fardeau pour la Commune.

Ce Réglement, néanmoins, ne fera définitive-
ment exécuté, qu'après avoir reçu la fanction de la
pluralité des Diftricts.

XV.

Nulle décifion de l'Affemblée générale ne fera
valable, fi lorfqu'elle a été prife, l'Affemblée n'é-
toit compofée de quatre-vingt Membres.

XVI.

La première Affemblée des Repréfentans de la
Commune, s'occupera de faire un Réglement général de Police pour fes délibérations & pour fon
intérieur.

TITRE IV.

Du Conseil de Ville.

ARTICLE PREMIER.

LE Conseil de Ville sera composé du Maire, du Commandant général, de huit Echevins, du Procureur général de la Commune, de deux Substituts du Procureur général, de huit Présidens de Départemens, & de trente-neuf Conseillers de Ville Assesseurs, formant le nombre de 60.

II.

Ils seront tous élus au Scrutin par l'Assemblée générale, & pris dans son sein, à l'exception du Commandant général, ainsi qu'il sera expliqué ci-après.

III.

Tous les Membres du Conseil en sortiront, comme il est dit à l'Article qui concerne chacun d'eux, au titre des Départemens ; ils seront immédiatement remplacés par l'Assemblée générale.

IV.

Si le temps de la représentation du Membre du Conseil se trouve expiré à sa sortie du Conseil.

il rentrera dans la claſſe des Citoyens, & il pourra être immédiatement réélu pour la place de Repré-ſentant.

V.

En cas de démiſſion ou de mort, de l'un ou de pluſieurs Membres du Conſeil de Ville, pendant la durée de leur exercice, ou en cas de faillite, d'abſence totale de Paris, ou d'autres événemens, qui les empêcheroient d'exercer leurs fonctions, il ſera pourvu à leur remplacement dans la ſeſſion ſuivante de l'Aſſemblée générale des Repréſentans, &, à cette même époque, chaque Diſtrict fera le remplacement de ceux de ſes cinq Repréſentans dans ladite Aſſemblée générale, dont il ſe trouvera privé par les mêmes accidens, indépendamment de ceux qu'il devra remplacer annuellement par la ſortie gra-duelle de ſes Repréſentans.

V I.

On remplacera immédiatement néanmoins, dans les cas ci-deſſus énoncés, le Maire; le Comman-dant général, le Procureur général, les Préſidens de Départemens : en conſéquence le Maire, ou, à ſon défaut, le premier Echevin, convoquera une Aſſemblée extraordinaire des Repréſentans de la

Commune, pour procéder seulement à l'élection de l'Officier qui devra remplacer, & ce, huit jours après la mort, la démission, ou tel autre événement qui aura fait vaquer la place.

VII.

Chacun des Officiers & Conseillers de Ville assesseurs, aura Séance & voix délibérative dans l'Assemblée-Générale des Représentans de la Commune, excepté lors de l'examen de sa gestion.

VIII.

Aucun des Membres du Conseil de Ville, ne pourra être, en même-temps, Député à l'Assemblée Nationale. Si aucun d'eux, étoit élu, il seroit tenu d'opter.

TITRE V.

Du Bureau de Ville.

ARTICLE PREMIER.

LE Bureau de Ville sera composé de vingt-un Officiers du Conseil de Ville, désignés dans l'article Premier du titre précédent.

II.

Il s'assemblera régulièrement une fois tous les

quinze jours, & plus souvent, s'il est nécessaire, sur la convocation du Maire; ou, à son défaut, du premier Echevin.

I I I.

Ce Bureau délibérera sur les moyens d'établir l'harmonie entre les opérations respectives des départemens; il pourvoira, dans les cas urgens, par des décisions promptes, au maintien de l'ordre; il procédera aux présentations qui lui sont réservées par la presente constitution, & préparera les matières qui doivent être portées par le Conseil de Ville à l'Assemblé générale.

I V.

Le Bureau de Ville nommera à toutes les places, dépendantes des divers départemens, sur la présentation du Président du département, dont la place dépendra. Cette présentation sera préalablement approuvée par le Maire.

V.

L'Assemblée du Bureau sera complette, quand il sera composé de neuf Membres.

V I.

Le plus jeune des Membres de Bureau tiendra le registre à chacune de ses Séances.

TITRE VI.

Du Maire.

ARTICLE PREMIER.

LE Maire fera le Chef de la Municipalité, Préfident né du Tribunal contentieux, de tous les Départemens, & de toutes les Affemblées. Il aura en fa garde les Sceaux de la Ville, & les fera appofer à tous les actes où ils feront néceffaires, & la première place dans les cérémonies publiques lui appartiendra.

I I.

Le Maire fera élu pour deux années ; il pourra être continué pour le même temps, fans pouvoir, dans aucun cas, être réélu qu'après un intervalle de quatre années.

I I I.

L'Election du Maire fera faite par la généralité des Citoyens affemblés en Diftricts, fur une préfentation de trois Membres du Confeil de Ville, qui fera faite, au fcrutin, trois jours à l'avance par l'Affemblée-générale des Repréfentans de la Commune.

I V.

Cette préſentation faite, ſera affichée dans tous les Diſtricts, avec les ordres de l'Aſſemblée générale pour leur convocation, à jour & heure fixes.

V.

A l'ouverture de l'Aſſemblée du Diſtrict, il ſera nommé par ſcrutin de liſte cinq perſonnes, pour porter à l'Aſſemblée des Repréſentans, le vœu du Diſtrict, & procéder, en cas d'inſuffiſance, avec elle, à l'élection indiquée par l'article 9 ci-après.

VI.

Le Préſident fera enſuite le rapport de la préſentation à l'Aſſemblée du Diſtrict, & demandera qu'on aille aux ſuffrages, par oui ou par non, pour décider ſi cette préſentation eſt ſuffiſante.

Le réſultat de la pluralité ſera enſuite déclaré à l'Aſſemblée ; Procès-verbal en ſera dreſſé ſur le champ par le Préſident & le Secrétaire, & l'expédition ſera incontinent portée par cinq Membres du Diſtrict, à l'Aſſemblée générale des Repréſentans, où il en ſera fait comparaiſon avec le réſultat des autres Diſtricts.

V I I.

L'Aſſemblée-Générale ſe tiendra le même jour

&

& à la même heure, que celle des Diſtricts, pour recevoir leur vœu, en vérifier & déclarer le réſultat ſur le champ aux Députés de chaque Diſtrict, qui le porteront incontinent à leurs Aſſemblées reſpectives.

VIII.

Si la pluralité des ſoixante Diſtricts s'eſt réunie pour déclarer la préſentation ſuffiſante, les Diſtricts procéderont immédiatement à élire au ſcrutin l'un des trois préſentés; le ſcrutin étant vérifié, le réſultat ſera proclamé, Procès-verbal en ſera dreſſé, & expédition portée, ſur-le-champ, par deux Membres du Diſtrict à l'Aſſemblée-Générale des Repréſentans, où il en ſera fait comparaiſon. Le calcul général étant fait en préſence de tous les Députés, celui des trois préſentés qui aura eu le ſuffrage d'un plus grand nombre de Diſtricts, ſera élu Maire.

Il ſe retirera pardevant S. M. pour avoir ſon agrément, prêtera enſuite ſerment à la Commune, dans la forme preſcrite au titre 18, & il en prêtera un autre entre les mains du Roi.

IX.

Dans le cas où la préſentation n'auroit pas été jugée ſuffiſante, par la pluralité des Diſtricts, les cinq Députés de chacun d'eux, prendront incontinent féance dans l'Assemblée-Générale, pour procéder, conjointement avec elle, à l'élection de trois nouveaux Sujets, qui feront préfentés, avec les trois premiers, à la nomination des Diftricts. Les Diftricts procéderont immédiatement à l'élection de l'un des fix.

TITRE VII.

Du Commandant général de la garde Nationale Parifienne.

ARTICLE PREMIER.

LE Commandant général fera le chef des forces militaires, qui feront toujours fubordonnées au pouvoir civil. Il veillera à ce que les Réglemens militaires arrêtés par les Repréfentáns de la Commune, foient exécutés; à ce que les différens corps, dans lefquels la Milice Bourgeoife fera divifée, foient bien tenus, & convenablement exercés. Il fera l'infpection & revue de la Milice Bourgeoife une fois l'année à jour fixé à cet effet par le Bureau de la Ville; mais il ne pourra commander un fervice extraordinaire, sans en prévenir le Bureau, en la personne du Maire, ou du premier Echevin, en son absence.

I I.

Dans le cas de contravention à la discipline, il pourra ordonner les arrêts, ou condamner les contrevenans à une prison de huit jours au plus ; & même casser les Officiers, bas-Officiers & Soldats, qui lui paroîtront avoir mérité ce châtiment, en prenant cependant, quant aux Officiers & bas-Officiers, l'avis du Bureau de la Ville.

I I I.

Tous les délits contre la discipline militaire, qui mériteront des peines plus graves, seront réprimés & punis par des conseils de guerre, dans lesquels entrera un nombre égal de membres du Conseil de Ville & de Militaires, en la manière qui sera fixée par l'Assemblée générale des Représentans de la Commune.

I V.

Le Commandant général sera élu pour trois ans, dans la même forme que le Maire, par la Généralité des Citoyens de Paris, ayant droit de suffrages, affemblés par Diftricts, fur une préfentation de trois Sujets.

Il pourra être continué pendant trois autres années, fans pouvoir être réélu qu'après un intervale de fix ans.

Il fera éligible dans la totalité des Citoyens enregiftrés dans leurs Diftricts, & diftingués par leurs fervices militaires.

V.

Il prêtera ferment à la Commune dans l'Affemblée de fes Repréfentans, & enfuite entre les mains de Sa Majefté.

TITRE VIII.

Des Départemens.

ARTICLE PREMIER.

Tous les travaux de la Municipalité, dont l'exercice fera confié au Confeil de Ville, feront divifés en huit Départemens & en un Tribunal contentieux.

Ces huit Départemens feront divifés, ainfi qu'il fuit :

I I.

Subsistances & Approvisionnement de Paris.

L'inspection des Halles aux grains & légumes, du marché aux volailles, des poissonneries, des boucheries, des tueries, des suifs, de la caisse de Poissy, des bois & des charbons, des Boulangers ; la taxe du pain & de la viande ; l'inspection & la police sur les Quais, Ports & Rivières, tant à Paris que dans tous les lieux où passent la Seine, la Marne, l'Oise, l'Yonne & autres rivières affluentes dans la Seine, & les canaux de jonction de la Loire & du Loing, & généralement tout ce qui concerne les subsistances & l'approvisionnement de Paris, & qui étoit ci-devant attribué, soit au Prevôt des Marchands & au Bureau de la Ville, soit au Lieutenant-général de Police, soit à des Commissaires du Roi, & enfin l'établissement & la manutention d'un grenier de sûreté, s'il est jugé convenable.

I I I.

La Police.

L'inspection & la police des Spectacles, Wauxhalls, Foires, Marchés, Promenades publiques, Postes aux chevaux, Voitures publiques, Voitures de place, Hôtels garnis, Caffés, Auberges, Incendies, Pompiers, Recrues, Soldats en femestre, ou paffants, poids & mefures, balayage & arrofement des rues par les Habitans, Librairie, le dénombrement des Habitans de Paris, l'infpection des Regiftres de naiffances, mariages & fépultures, dont une expédition fera dépofée à l'Hôtel-de-Ville, avec des notes propres à donner des connoiffances exactes fur la population de la Ville, les maladies qui y régnent, & le nombre des Etrangers qui y arrivent & qui y féjournent, & généralement l'infpection de tout ce qui concerne la Police, & qui étoit ci-devant attribué foit à des Magiftrats, foit à des Commiffaires du Roi.

I V.

Direction des Etabliffements Publics.

L'infpection & la police des Colléges, & de tout ce qui a rapport à l'Inftitution de la Jeuneffe, de la Bourfe & des Agens-de-Changes & Courtiers; du Mont-de-Piété, des Lotteries, de la Caiffe-d'Efcompte, de l'Ecole gratuite de Deffin, de la Pofte aux lettres, de la Petite-Pofte, afin d'y maintenir l'exactitude & le fecret; des Fabriques & Manufactures, des Corps & Communautés d'Arts & Métiers, & généralement la Direction de tous les Etabliffemens publics.

V.

Travaux Publics.

La Voierie, la Confection, la Réparation & l'entretien du Pavé de Paris, l'enlévement des Boues, l'Illumination, la Confection & Réparation des Fontaines, Aqueducs, Pompes, Ports, Quais, Ponts, Places & Promenades publiques, la direction des Fêtes publiques, l'infpection des Cimetières & des Prifons actuelles, l'établiffement dans les divers quartiers de Paris, & l'infpection de Maifons d'arrêts, commodes, décentes & sûres, pour les perfonnes prévenues de crimes, avant que leur emprifonnement foit légalement ordonné, & généralement tout ce qui a rapport à l'embelliffement, à l'alignement, à la falubrité & à la commodité des Citoyens.

V I.

Hôpitaux.

La furveillance & l'infpection des Hôpitaux, & autres Etabliffemens du même genre, tant dans Paris qu'au dehors, ci devant foumis à la Police de Paris, l'examen des Comptes des Bureaux de leur admiftration, l'infpection & la police du Bureau des Nourrices, des Atteliers de Charité, pour procurer du travail aux Néceffiteux, des Bureaux de diftribution des Remédes gratuits, la visite des Pharmacies, en ce qui étoit ci-devant attribué aux Magiftrats, la fuite des Contraventions conftatées par les Procès-verbaux des Gens de l'Art, & l'infpection des Etabliffemens faits & à faire, pour fupprimer la Mendicité, & réprimer les Vagabonds.

VII.

Domaine de la Ville.

L'Adminiftration de tous les biens, droits & revenus qui forment le Domaine de la Ville, le payement des rentes affignées fur ce Domaine, & de toutes les dépenfes fixes & annuelles, la diftribution des fonds à tous les Départemens, la comptabilité du Tréforier-général de la Ville, la furveillance journalière de fa caiffe, & la manutention de tous les bureaux qui en dépendent.

VIII.

Impofitions.

L'affiette, la répartition & la perception des fubfides & des contributions publiques dans l'intérieur de Paris, de quelque nature qu'elles foient, fur le pied que le tout fe perçoit actuellement, en attendant que l'Etat des Finances permette de les diminuer ou changer, d'après ce qui fera ftatué dans l'Affemblée l'Affemblée-Nationale ; les comptes des Receveurs particuliers de tous ces fubfides.

I X.

Gardes-Nationales-Parifiennes.

L'habillement, l'équipement, l'armement, la folde, & le cafernement de la Troupe foldée ; les fournitures des Cafernes, l'Hôpital Militaire, ou les Etabliffements qui en tiendront lieu ; le Bureau des fonds de cette partie, & généralement tous les détails de l'entretien des Militaires.

Le premier Affeffeur de ce Département fera les fonctions de Commiffaire, &, au moins tous les mois, la revue & l'infpection de chaque Compagnie.

X.

Tribunal.

Le Tribunal Contentieux, connoîtra au Civil, fur la pourfuite du Procureur général de la Commune, de toutes les matières, concernant la Police, la Voierie, les périls imminens, les impofitions & entrées, l'approvifionnement de Paris, tant dans l'intérieur de la Ville, qu'au dehors, en fe foumettant néanmoins aux Réglemens à faire à ce fujet par l'Affemblée-Nationale.

D

TITRE IX.

Des Préfidens de Départemens , & des Confeillers de Ville Affeffeurs.

ARTICLE PREMIER.

CHAQUE Département fera compofé d'un Préfi-dent & d'un certain nombre d'Affeffeurs , & la répartition des Affeffeurs , dans chaque Départe-ment , fera fixé par le Bureau de la Ville.

II.

Le Préfident aura feul , dans fon département , la décifion & la fignature.

III.

Il diftribuera les différens Bureaux de fon Dé-partement à chacun de fes Affeffeurs.

IV.

Chaque Affeffeur fera Rapporteur auprès du Préfident des affaires de fa Divifion ; & , en cas d'abfence , empêchement ou maladie du Préfident , l'Affeffeur aura la décifion & la fignature des affaires de fa Divifion.

V.

Les Préfidens de chaque Département , feront élus au fcrutin , par l'Affemblée générale , & feront néceffairement pris dans le Confeil de Ville.

V I.

Les Préfidens feront en exercice pendant trois ans , fans pouvoir être continués dans le même emploi.

V I I.

Seront exceptés de la règle , portée dans l'article précédent , le Préfident du Domaine de la Ville , qui pourra être continué pendant trois autres années, & non au-delà ; & le Préfident du Département de la Police , qui fera quatre années en exercice , ainfi qu'il eft dit dans le Titre ci-après.

V I I I.

Les Confeillers de Ville Affeffeurs , feront cinq ans en place , fans pouvoir être prorogés , & fortiront par ancienneté.

I X.

Les Préfidens & les Affeffeurs prêteront ferment à la Commune , dans l'Affemblée des Repréfen-tans , entre les mains du Maire.

TITRE X.

Du Président du Département de la Police.

ARTICLE PREMIER.

LE Président de la Police restera quatre ans en exercice, & pourra être continué pour une semblable durée, sans pouvoir être ensuite réélu qu'après un intervale de quatre années.

II.

Il entretiendra une correspondance journalière avec les Comités de chaque District, à l'effet de se procurer une connoissance universelle de ce qui concerne son Département.

III.

Les Comités de District seront tenus en conséquence de lui envoyer copie des Procès-Verbaux d'arrestation qui auront été faits dans leur arrondissement, & copie des rapports qui leur seront faits chaque jour concernant la Police.

IV.

Le Président de la Police sera tenu de visiter la Prison, chaque jour, pour y interroger les Prisonniers qui y auront été renfermés la veille, ou il se fera remplacer, dans cette visite, par un Assesseur de son Département.

V.

Si le Prisonnier est accusé ou suspect d'un délit grave, le Président, ou l'Assesseur qui le remplacera, sera tenu de le renvoyer devant le Juge compétent.

V I.

Si son délit ne concerne que la Police, le Président, ou son Assesseur, pourra le retenir en prison pendant huit jours au plus, ou arbitrer une amende qui n'excédera pas la somme de 100 livres, ou obliger la personne à donner caution de sa bonne conduite pour l'avenir. Il sera libre au Prisonnier de se pourvoir contre la décision du Président ou de l'Assesseur au Tribunal Contentieux, qui jugera en dernier ressort.

V I I.

Si le délit contre la Police paroissoit mériter une peine plus grave que celles exprimées dans l'article précédent, le Président, ou son Assesseur, renverra le Jugement au Tribunal Contentieux, & retiendra provisoirement le délinquant en prison.

TITRE XI.

Du Tribunal Contentieux.

ARTICLE PREMIER.

LE Tribunal Contentieux sera composé du Maire, de huit Echevins , du Procureur-Général de la Commune , de ses deux Substituts , & d'un Greffier pris hors de la Municipalité.

II.

Les huit Echevins seront élus dans la même forme que les Présidens de Départemens.

III.

Ils seront quatre années en exercice , sans pouvoir être continués , & ils sortiront , à raison de deux par année.

IV.

En cas d'absence , maladie ou empêchement du Maire , le plus ancien Echevin, dans l'ordre des nominations , présidera le Tribunal.

V.

Ils prêteront serment à la Commune , dans l'Assemblée des Représentans , entre les mains du Maire.

VI.

Six Membres suffiront pour composer le Tribunal ; & en cas d'absence d'un plus grand nombre, ils seront remplacés par des Conseillers de Ville-Assesseurs ; le Président aura la faculté de départager les voix. Le Tribunal siégera au moins trois fois la semaine, à des jours & heures fixes, & plus souvent, s'il est nécessaire.

VII.

Le Tribunal Contentieux jugera Souverainement toutes les matières de sa compétence, jusqu'à concurrence de 2000 liv., sauf, pour le surplus, l'appel aux Cours Supérieures, telles qu'elles seront établies & réglées par l'Assemblée Nationale : &, dans les matières de Police, il pourra condamner à une année de Prison au plus, & à telle amende qu'il jugera nécessaire.

TITRE XII.

Du Procureur-Général de la Commune & de ses Substituts.

ARTICLE Ier.

LE Procureur-Général de la Commune sera pris dans le Conseil de Ville, & élu au scrutin, de la même manière que les Préfidens de Départemens.

I I.

Il fera en exercice pendant quatre années ; il pourra être continué pour pareille durée, fans pouvoir être réélu qu'après quatre autres années.

I I I.

Le Procureur-Général de la Commune remplira, dans le Tribunal Contentieux toutes les fonctions du Miniftère public ; il fera chargé de tous les Réquifitoires, de faire exécuter à fa requête tous les Jugemens, & de veiller à la confervation de tous les droits de la Commune ; il aura entrée, féance & voix délibérative dans l'Affemblée générale & au Bureau de la Ville ; il fera fpécialement chargé de fournir tous les renfeignemens relatifs aux droits & réglemens de la Municipalité ; il recevra tous les ordres pour l'exécution des décrets & réglemens defdites Affemblées.

I V.

Les deux Subftituts du Procureur-Général feront élus & fortiront de même que les Confeillers de Ville-Affeffeurs.

TITRE

TITRE XIII.
Du Greffier en chef, & de ses Commis.
ARTICLE Ier.

IL sera établi, par Commission, pour tenir registre des Jugemens du Tribunal Contentieux, un Greffier en chef, à appointemens, qui sera nommé par l'Assemblée-générale des Représentans de la Commune, sur la présentation du Bureau de la Ville, & qui sera révocable de la même manière.

II.

Il aura sous lui deux Commis-Greffiers, qui seront nommés par le Bureau de la Ville, sur la présentation du Greffier.

TITRE XIV.
Du Trésorier-Général de la Ville.
ARTICLE Ier.

IL sera établi, par Commission, un Trésorier-Général à appointemens, éligible & révocable de la même manière que le Greffier en chef.

II.

L'Assemblée-Générale des Représentans réglera

E

l'étendue du cautionnement en argent, que devra fournir le Tréforier, ainfi que la forme de fa comptabilité.

III.

A la fin de chaque année, les comptes de la recette & de la dépenfe de la même année, rendus par le Tréforier, & fignés par le Préfident du département de la Comptabilité, feront arrêtés en *bref-état*, par le Bureau de la Ville. Dans l'Affemblée-générale des Repréfentans de la fin de l'année fuivante, les comptes en régle, appuyés de piéces juftificatives & comptables, feront examinés, vérifiés & approuvés par une Commiffion décernée à cet effet par ladite Affemblée, & l'extrait en fera rendu public par la voie de l'impreffion.

TITRE XV.

Du Garde des Archives, du Bibliothécaire, & du . Sous-Bibliothécaire.

ARTICLE UNIQUE.

IL ra établi un Garde des Archives par commiffion, qui (de même que le Bibliothécaire & le fous-Bibliothécaire, quand les deux places viendront à vaquer) fera nommé par le Bureau de la Ville.

TITRE XVI.

Des Assemblées de Districts, de leurs Comités & Officiers.

ARTICLE PREMIER.

LES Assemblées des Districts seront convoquées annuellement au jour qui sera fixé, dans le courant de Décembre, par le Bureau de la Ville, pour toutes les Elections ordinaires des Magistrats, & Représentans de la Commune, &, dans tout autre temps, pour les Elections extraordinaires, qui par la présente Constitution, sont réservées aux Citoyens assemblés par Districts.

II.

Les Elections des Officiers de Districts seront faites, dans la même Assemblée, s'il est possible, & toujours dans le courant de Décembre. Dans le cas de mort ou de démission d'un desdits Officiers, le Comité du District convoquera, pour le remplacer, l'Assemblée générale, dans la huitaine, qui suivra la mort ou la démission.

III.

Chaque District enverra, à l'Hôtel de Ville,

expédition du Procès-verbal de toutes ses Elections particulières.

I V.

Les Assemblées seront convoquées par des Placards affichés dans les Districts, & par la voie des Papiers publics. L'objet de la convocation y sera indiqué, ainsi que le jour, l'heure & le lieu auxquels l'Assemblée tiendra.

V.

Le Comité de chaque District sera composé d'un Président, d'un Vice-Président, du Commandant de Bataillon du District, d'un nombre de Membres, tel que le Comité ne puisse être moindre de seize personnes, ni supérieur à vingt-quatre, & d'un Secrétaire-Greffier, avec appointemens, tous élus par les Citoyens du District ayant droit de suffrage.

V I.

Le Président du Comité, qui sera toujours Président de l'Assemblée générale du District, sera tiré d'entre les cinq Représentans du District, à l'Assemblée générale des Représentans de la Commune, pourvû toutefois qu'il ne soit pas l'un des Membres du Conseil de Ville. Il pourra être annuellement confirmé, aussi long-temps qu'il restera Membre de cette Assemblée.

V I I.

Le Vice-Président sera élu également pour un an, & pris dans la totalité des Citoyens du District.

V I I I.

Le Secrétaire, révocable à volonté, sera continué dans sa Place aussi long-temps que ses services feront agréables au District.

I X.

Quant aux autres Membres du Comité, la moitié d'entr'eux sera changée annuellement par ordre d'ancienneté ; & nul ne pourra être élu de nouveau, qu'une année après être sorti de Charge.

X.

Chaque Comité répartira entre ses Membres les fonctions qui lui feront déléguées ; & ils s'assembleront, au moins une fois tous les quinze jours, pour se concerter sur leurs Opérations.

X I.

Les Comités de Districts feront chargés de faire, dans le courant de Janvier de chaque année, le dénombrement général de tous les Habitans de leur Diſtrict, de quelqu'état, qualité & condition qu'ils ſoient, & ils en enverront copie, dans le courant du même mois, au Bureau de la Ville.

X I I.

Ils feront également chargés de donner leurs avis ſur tous les Mémoires qui leur feront renvoyés, ſoit par le Bureau de la Ville, ſoit par les Préſidens des Départemens; & généralement de donner toutes les inſtructions & éclairciſſemens qui leur feront demandés.

X I I I.

Ils feront exécuter dans leurs Diſtricts les ordres qui leur feront envoyés par le Bureau de la Ville & les Préſidens de Départemens.

X I V.

Les Membres de chaque Comité feront chargés de la Police de leur Quartier, en ce qui concerne le nétoyement, l'illumination, la fermeture des boutiques, les caffés, Hôtels-garnis, auberges, poids & meſures, incendies, & autres objets de cette nature. Alternativement l'un des Membres du Comité, & délégué par lui, ſera, chaque jour, chargé ſpécialement de la ſurveillance de tous ces objets; il en fera ſon rapport au Secrétariat du Comité, où la minute fera dépofée; & expédition en fera envoyée, tous les matins, au Département de la Police.

X V.

Toute perfonne, arrêtée pour délit contre l'ordre public, fera conduite au Sécrétariat du Diftrict où le délit aura été commis, & le Membre du Comité qui fera de fervice, l'interrogera & le relâchera, s'il n'y a lieu à détention.

X V I.

S'il y a lieu à ordonner la détention du délinquant, il fera conduit en Prifon; &, dans les vingt-quatre heures, l'expédition du Procès-verbal fera envoyée au Département de la Police. Si le délinquant eft domicilié dans un autre Diftrict, il fera envoyé au Secrétariat de ce Diftrict, copie du Procès-verbal.

X V I I.

Si 'e délinquant eft vagabond ou fans aveu, il fera emprifonné.

X V I I I.

Dans tous les cas, qui ne donneront ouverture qu'à une amende ou indemnité pécuniaire, la perfonne arrêtée fera renvoyée, en payant l'indemnité ou l'amende qui fera arbitrée, ou en fourniffant la caution qui fera déterminée par le Membre du Comité en exercice, & qui ne pourra excéder la fomme de 600 liv.

XIX.

Si ce Membre eftime que le délit eft de nature à exiger une caution plus foite, il fera tenu de renvoyer l'affaire au Département de la Police.

XX.

Les Comités de Diftricts feront chargés de veiller à l'exécution des Loix faites ou à faire pour les fépultures, inhumations précipitées, ou morts fubites & violentes.

TITRE XVII.

Loix génerales fur les Elections.

ARTICLE PREMIER.

Toutes brigues, c'eft-à-dire, toutes follicitations, accompagnées de préfens, de promeffes, ou de menaces, faites à quelque Electeur, afin de l'engager à donner ou refufer fon fuffrage, pour quelque Charge ou Office que ce foit, font expreffément défendues.

II

I I.

Aucun failli ou débiteur infolvable , non plus qu'aucune perfonne , qui , le pouvant , n'auroit pas acquitté fa portion des dettes laiffées par fon père , à fon décès, ne pourra être élu, ou refter Membre de quelqu'Affemblée de la Municipalité que ce puiffe être , ni même d'aucun Comité de Diftrict ; il fera exclus de droit , & ne pourra occuper aucune Place Municipale , qu'après avoir pleinement fatisfait fes créanciers , ou payé fa portion des dettes de fon père.

I I I.

Avant toute élection , chaque Citoyen , ayant les qualités requifes par l'article 4 du titre 2 , fe préfentera au Secrétariat de fon Diftrict , pour juftifier de fes qualités : il recevra , après fon enregiftrement , une carte imprimée & fignée , portant fon nom , fa qualité , fon âge , fa demeure , & le n° & le folio du regiftre.

I V.

Pour procéder aux élections communes , les foixante Diftricts s'affembleront le même jour & à la même heure ; chaque Citoyen préfentera fa carte en entrant ; la porte fera fermée une heure

F

après l'ouverture ; on fera l'appel des Electeurs préfens , & la lifte en fera enregiftrée.

V.

Tous billets d'Election, ou de Préfentation, fur lefquels fe trouveroit indiquée quelque perfonne notoirement inéligible avant l'élection, de même que ceux qui contiendront plus ou moins de fuffrages , qu'il n'y a de places à pourvoir , feront nuls de droit.

V I.

Dans les Elections qui feront faites par la généralité des Citoyens de Paris affemblés en Diftricts, la fimple pluralité fuffira.

V I I.

Dans les Elections à faire par l'Affemblée générale des Repréfentans, on procédera par Scrutin individuel, s'il n'y a que deux ou trois fujets à élire ; &, dans ce cas, la Majorité abfolue fera requife. Si cette Majorité n'eft pas acquife à l'un des candidats au premier fcrutin , on procédera à un fecond entre les deux qui auront eu le plus de voix.

Mais , s'il y a , dans la même Election, plus de trois fujets à élire , on procédera au Scrutin de Lifte de la manière fuivante :

Après la vérification du premier Scrutin, on prendra un nombre de personnes qui auront eu le plus de voix, quadruple des places à remplir ; & l'on procédera à un second Scrutin sur ce nombre, dans lequel les votans devront choisir les sujets à élire. Ce Scrutin fait sera clos & cacheté : l'ouverture en sera faite le lendemain. Immédiatement après l'ouverture & la vérification du résultat, on prendra, parmi ceux qui auront réuni le plus de suffrages, le nombre double des places à remplir ; & les Electeurs seront tenus de choisir, pour la dernière fois dans ce nombre, les sujets à élire. Ceux qui auront le plus de voix seront déclarés élus.

V I I I.

Les mêmes régles seront suivies dans les élections à faire par les Districts ; à l'exception que, dans les Scrutins de Liste, il n'y aura que deux Scrutins. Dans le premier, on prendra le nombre double des places à remplir parmi les personnes qui auront le plus de voix ; & , lors du second, les Electeurs seront tenus de choisir, dans ce nombre double. Ceux qui auront réuni le plus de suffrages seront élus.

I X.

En cas d'égalité de suffrages entre deux ou plusieurs sujets, la préférence sera décidée, 1° en faveur de celui qui fera ou aura été marié ; 2° en faveur de celui qui aura le plus d'enfants ; 3° en faveur de celui qui fera le plus ancien dans l'Affemblée Générale ou le Confeil de Ville. En cas d'égalité à ces trois égards, elle fera décidée par la primauté d'âge.

TITRE XVIII.

Des Seimens.

ARTICLE Ier.

TOUT Citoyen qui aura été élu à une charge ou place quelconque, par l'Affemblée générale des Repréfentans de la Commune, ou par la généralité des Diftricts, prêtera ferment d'être fidéle à la Nation & au Roi , de défendre de tout fon pouvoir la Conftitution générale du Royaume, & celle de la Municipalité de Paris, & de s'acquitter avec exactitude & ponctualité de toutes les fonctions de fon Office.

I I.

Les Officiers , Bas - Officiers & Soldats de la Garde Nationale Parifienne , préteront le ferment d'être fidéles à la Nation & au Roi ; d'être toujours prêts à prendre les armes pour la défenfe de de Sa Majefté , & de la Ville de Paris , pour la conservation des Citoyens & de leurs propriétés, pour le maintien de la tranquillité, de la liberté & de la sûreté publiques; ils feront encore serment de défendre de tout leur pouvoir la Constitution générale du Royaume & celle de la Municipalité de Paris, & de s'acquiter avec exactitude & ponctualité de leur service.

I I I.

Le Maire & le Commandant, en outre du serment qu'ils prêteront au Roi, en feront un en particulier à la Commune, en présence de l'Assemblée Générale des Représentans, savoir le Maire entre les mains du Vice-Président de l'Assemblée, & le Commandant entre les mains du Maire : tout autre Magistrat élu par l'Assemblée Générale des Représentans de la Commune, prêtera son serment entre les mains du Maire, en présence de ladite Assemblée.

I V.

Le serment des Officiers élus par le Bureau de la Ville sera fait entre les mains du Maire, en présence de ce Bureau.

V.

Les sermens Militaires feront prêtés entre les mains du Commandant général, ou, à son défaut, de l'Officier général qui fera ses fonctions.

V I.

Le ſerment des Préſidens , vice-Préſidens & Sé-
crétaires-Greffiers des Diſtricts , feront prêtés entre
les mains du Maire ou de l'Echevin , qui le remplacera au Tribunal Contentieux.

T I T R E   X I X.

La préſente conſtitution ne pourra jamais être ni
changée ni modifiée par l'Aſſemblée générale des
Repréſentans, ni par aucun autre corps ou individu
quelconque. Elle ne pourra l'être que par une Aſſemblée extraordinaire de Repréſentans de la Commune, nommés à cet effet ; & cette Aſſemblée
ne pourra avoir lieu que dans vingt ans , à moins
que la pluralité abſolue des Diſtricts ne le demande
plus tôt.

RÉGLEMENT

Sur les premières Elections à faire, pour Constituer la Municipalité.

LES Citoyens de la Ville & Fauxbourgs de Paris, assemblés par Districts, considérant la nécessité de pourvoir promptement à la Constitution de leur Municipalité, pour le rétablissement de la tranquillité & de l'ordre publics, & ayant donné une pleine & entière approbation au Projet qui leur a été proposé par l'Assemblée générale des Représentans, qu'ils avoient autorisés à cet effet, ont arrêté de le mettre incontinent à exécution : en conséquence ils ont fait & approuvé le Réglement ci-après, contenant la manière d'y procéder, chargeant & autorisant ladite Assemblée générale de pourvoir, sans délai, à ce que ledit Réglement soit exécuté dans toutes ses parties.

ARTICLE PREMIER.

L'Assemblée actuelle des Représentans de la Commune, fera incessamment convoquer une Assemblée générale de chaque District, à laquelle tous les Citoyens domiciliés depuis an & jour dans

Paris , Habitans du Diſtrict , âgés de vingt-cinq ans accomplis , & payant un ſubſide direct & perſonnel , ſeront invités à ſe trouver à jour & heure fixes , pour procéder à l'élection de cinq Repréſentans , par chaque Diſtrict , à l'Aſſemblée générale des Repréſentans de la Commune. Les avertiſſemens ſeront donnés trois jours d'avance , par des Placards imprimés & affichés dans chaque Diſtrict.

I I.

M. Bailly & M. le Marquis de la Fayette ayant été élus par tous les Diſtricts , l'un Maire , l'autre Commandant général des Gardes-Nationales-Pariſiennes ; les Diſtricts , auxquels ils appartiennent , n'auront que quatre Repréſentans à élire.

I I I.

Il ſera procédé par ſcrutins de Liſtes , à l'élection de ces cinq Membres , ſuivant les formes preſcrites par l'article 8 , du Titre 17 des élections ; & , dans le cas d'égalité de ſuffrages , la préférence ſera décidée , conformément aux régles arrêtées par l'article 9 du même Titre.

I V.

Immédiatement après que les Diſtricts auront fait l'élection de leur cinq Repréſentans, ils procéderont

deront à l'élection de leurs Officiers ; favoir , par
fcrutin individuel, pour le Préfident, le Vice Préfident , & le Secrétaire-Greffier ; & par fcrutin de
liftes pour les autres Membres.

V.

Celui d'entre les cinq Repréfentans qui aura le
plus de fuffrages , fera déclaré élu pour cinq ans ;
celui qui le fuivra, pour quatre ans ; le troifième ,
pour trois ans ; le quatrième, pour deux ans ; & le
cinquième pour un an feulement ; le tout à compter
du premier Janvier 1790.

Incontinent après avoir prêté, entre les mains du
Préfident de leur Diftrict, le ferment porté à l'article 1er du titre 18. ils entreront en exercice.

V I.

Auffi-tôt que l'élection fera faite , & le ferment
prêté , il en fera dreffé un procès-verbal , figné par
le Préfident & le Secrétaire actuellement en exercice , ou qui feront nommés pour cette féance.
Ce Procès-verbal contiendra les noms , fur-noms
& demeures de chacun des élus, leurs état &
qualité , & le tems pour lequel ils devront refter
en charge.

G

V I I.

L'expédition de ce procès-verbal fera remife à celui des Elus qui aura eu le plus de voix, pour la porter à l'Affemblée générale ci-après.

V I I I.

Le lendemain de l'Election, les cinq Repréfentans élus dans chaque Diftrict, fe rendront à l'Hôtel-de-Ville; & là les trois-cents Repréfentans, après vérification faite de leurs nominations refpectives, procéderont à l'Election au fcrutin des cinquante-huit membres qui doivent, avec le Maire & le Commandant général actuels, compofer le Confeil de Ville.

I X.

Ce fcrutin fera fait double par liftes de dix perfonnes. Au premier, on choifira les vingt membres qui auront eu le plus de voix; l'Affemblée fera tenue d'élire parmi ces vingt, & les dix membres qui auront eu le plus de voix, feront déclarés élus Confeillers de Ville.

On procédera de la même manière pour l'Election des quarante-huit autres membres par liftes de dix. Le dernier fcrutin ne fera que de huit personnes, au moyen de l'Election déjà faite du Maire & du Commandant actuels.

X.

Les Conseillers de Ville asseffeurs seront placés entr'eux sur un Tableau, suivant leur nomination.

Ce Tableau servira à régler l'ordre dans lequel ils devront sortir, les huit derniers élus devant sortir à la fin de la première année, & ainsi des autres succeffivement, pendant les quatre années suivantes, à l'exception de la cinquième année où il n'en sortira que sept ou même un moindre nombre.

Et, lorsque ce nombre des membres de la Commune ainsi élus sera épuisé, on suivra la régle prescrite par l'art. 8 du titr. 9.

X I.

L'Affemblée générale procédera ensuite à l'élection succeffive, & par scrutin individuel, des Echevins, des Préfidens de Départemens, du Procureur-Général & de ses Subftituts.

Chacun d'eux sera obligé d'avoir une majorité abfolue ; à défaut de majorité abfolue, au premier scrutin, l'Affemblée fera un nouveau scrutin entre les deux Membres qui auront eu le plus de voix.

X I I.

Le Bureau de Ville, étant complet, procédera à l'élection des Membres qu'il devra préſenter à l'Aſſemblée générale pour les places de Greffier en Chef, de Tréſorier & d'Archiviſte, qui ſeront également élus au ſcrutin.

Signé, *Timbergue*, *Sallin*, *Michel*, *Perron*, *Garnier-Deſcheſnes*, *Vauvilliers*, *Girard de Bury*, *Vautrin*, *Huguet de Sémonville*, *Agier*, *Chupin*, *Daulgy*, *Vermeil*, *le Couteulx de la Norraye*, *Briſſot de Warville*.

Moriſſe, Préſident.

Fondeur, Secrétaire.

De l'Imprimerie de LOTTIN *l'aîné*, & LOTTIN *de S. Germain*, Imprimeurs Libraires Ordinaires de la VILLE, rue S.-André-des-Ars (N° .7) Août 1789.

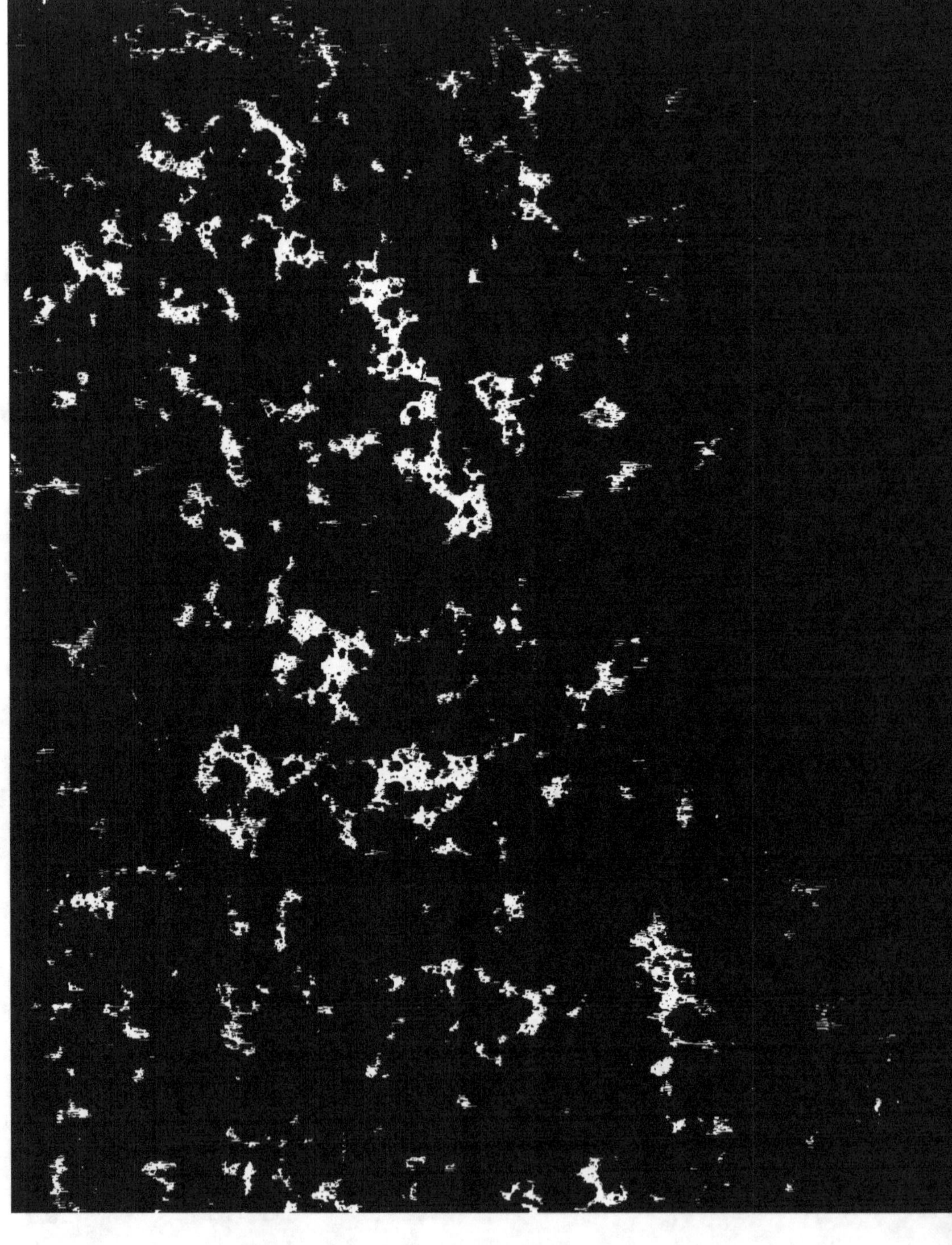

www.ingramcontent.com/pod-product-compliance
Lightning Source LLC
Chambersburg PA
CBHW061405060726
47597CB00003B/972